Arena-Taschenbuch
Band 1949

Jo Pestum,
1936 geboren, studierte Malerei und ist seit 1970 als Schriftsteller und Film-, Funk- und Fernsehautor tätig. Er schreibt Kinder- und Jugendbücher, Romane, Kriminalgeschichten, Satiren, Lyrik, Drehbücher und Hörspiele.

Weitere Bücher, erschienen in der Edition Bücherbär und im Arena Verlag:
»Tobi und die rosa Teufel«
»Tobi, die Torwartkatze« (Band 1946)
»Nikos tollstes Tor und andere Fußballgeschichten«
»Tobi und die blauen Stürmer«
»Detektiv Luc Lucas – Rätselhafte Fälle«
»Detektiv Luc Lucas – Neue rätselhafte Fälle«
»Fang niemals einen Stern«
»Luc Lucas«-Taschenbücher
»Das Geheimnis der Nikolausnacht«
»Lillilu liebt starke Tiere«
»Maja und der Hausaufgaben-Trick«
»Detektivbüro Anja Adlerauge«
»Büffelsohn und Kleiner Stern«

Jo Pestum

Tobi und der gelbe Blitz

Mit Bildern von
Birgit Rieger

Arena

In neuer Rechtschreibung

1. Auflage 1998 als Originalausgabe im
Arena-Taschenbuchprogramm

Umschlaggestaltung und Innenillustrationen: Birgit Rieger
Gesamtherstellung: Westermann Druck Zwickau GmbH
ISSN 0518-4002
ISBN 3-401-01949-X

Die rosa Teufel von Billerbach

Torwart Tobi und seine fußballverrückten Freunde und Freundinnen sind wirklich ein starkes Team! Der pfeilschnelle Stürmer Uwe, die kopfballstarke Technikerin Elisabeth, der Dribbler Bogdan auf der linken Seite, die trickreiche dünne Rita, der Abstauber Fuzzi Ralf, Libero Jonas mit dem Kracherschuss . . . und Tobi, die Torwartkatze, wie er sich selber nennt. Er ist zwar manchmal ein ziemlicher Angeber, aber dass er ein erstklassiger Keeper ist, das hat er in vielen Spielen bewiesen. Sie

halten durch dick und dünn zusammen, die Fußballer aus der vierten Klasse der Billerbacher Grundschule. Und wenn sie mal verlieren, dann lassen sie die Köpfe nicht hängen, sondern trainieren ganz besonders eifrig für das nächste Spiel.

Das war nicht immer so! Als Tobi vor einigen Monaten mit den Eltern, der großen Schwester Cordula und dem Boxerhund Ben nach Billerbach umzog, trugen die Kinder von Unterbillerbach und die Kinder von Oberbillerbach ihre Fußballspiele gegeneinander aus. Frau Lienenbeck, die Klassenlehrerin, fand das schlimm. So

etwas konnte doch nicht gut sein für die Klassengemeinschaft. Da wurde gestritten, da lachten sich Schülerinnen und Schüler gegenseitig aus, da gab es in der vierten Klasse fast so etwas wie Feindschaft zwischen den Kindern aus Unterbillerbach und denen aus Oberbillerbach.

Wie das gekommen war? Ganz einfach: Das Dorf Billerbach hat seinen Namen von dem breiten Billerbach, der fließt in südlicher Richtung mitten durch das Dorf und teilt es in beinahe gleich große Hälften. Die linke heißt Unterbillerbach und die rechte Oberbillerbach.

Doch, genau genommen, ist es die schreckliche Bundesstraße, die das Dorf zerteilt. Sie verläuft direkt neben dem Bach. Da sausen, knattern, dröhnen und knurren schwere Stinkelaster, Personenwagen, Motorräder, Busse und Trecker und man muss manchmal lange am Straßenrand warten, wenn man die Bundesstraße überqueren will. Wirklich, solch eine Straße kann ein Dorf richtig zerteilen. So bleiben die Unterbillerbacher auf der einen Seite und die Oberbillerbacher auf der anderen Seite. Die Schule und die Kirche und das Rathaus: Die gibt es nur einmal in Billerbach. Alles andere gibt es doppelt, nämlich in Unterbillerbach und in Oberbillerbach: Wirtshäuser, Einkaufsläden, Sparkassen, Pommesbuden – und Fußballplätze für die Kinder.

Aber richtige Fußballplätze waren das ja eigentlich nicht, sondern nur kleine Bolzplätze. Gerade mal so groß wie beim Hallenfußball. Fünf Spieler gegen fünf Spieler: Anders war das nicht möglich. Abwechselnd spielten die Kinder von Oberbillerbach und von Unterbillerbach auf dem einen Platz und dann auf dem anderen Platz und immer gegeneinander. Zum Glück änderte sich das! Und Frau Lienenbeck freute sich am meisten darüber.

Eines Tages nämlich beschlossen die Kinder aus der vierten Klasse: Wir bilden jetzt gemeinsam eine Fußballmannschaft! Aus und vorbei mit Unterbillerbach gegen Oberbillerbach. Jetzt sind wir alle zusammen *Die rosa Teufel von Billerbach.* Uwes großer Bruder Michael wurde der Trainer der Mannschaft. Tobis große Schwester Cordula übernahm das spezielle Konditionstraining, damit die Spielerinnen und Spieler auch richtig fit wurden für die Spiele gegen die Kindermannschaften aus anderen Dörfern.

Wieso sie sich Rosa Teufel nannten? Ganz einfach. Eine Mannschaft braucht natürlich so etwas wie eine gemeinsame Spielkleidung. Wie will man die Mitspieler des eigenen Teams denn sonst beim Spiel sofort erkennen? Wie sollen die Zuschauer denn sonst wissen, welche Kicker zur gleichen Mannschaft gehören? Außerdem, das ist doch klar, gibt das ein starkes Gefühl, wenn man gleichfarbige Trikots trägt.

Rosa wäre astrein, dachten sich die Kinder, weil solch eine Farbe bei Fußballspielern ja ziemlich selten ist. Rosa fällt auf! Jonas besaß ein pinkfarbenes T-Shirt mit einem Donald-Duck-Kopf drauf. Elisabeth hatte einen rosa Pulli. Stöpsel meinte, die Jacke von seinem

Schlafanzug sei orange und Orange und die Farbe Rosa wären ungefähr das Gleiche. Und bald hatten alle Spielerinnen und Spieler zu Hause ein Hemd oder eine Bluse oder einen Pulli aufgetrieben von einer Farbe, die einigermaßen nach Rosa aussah. Die rosa Teufel von Billerbach!

Das war ein aufregendes Erlebnis, als Die rosa Teufel zum ersten Mal mit einer richtigen Elfermannschaft antraten. Im Nachbardorf Havixbach auf dem großen Fußballplatz der Havixbacher Schule. Und die Kicker aus Havixbach waren fast profimäßig in strahlendes Blau gekleidet mit einem weißen Stierkopf auf der Brust und der Aufschrift Münsterland-Würstchen. Sie wurden nämlich von einer Großmetzgerei gesponsert. Vor dem Spiel steckten Die rosa Teufel die Köpfe zusammen und stimmten ihren Kampfruf an:

»Eins-zwei-drei-vier!
Superchampions, die sind wir!
Fünf-sechs-sieben-acht!
Alle werden platt gemacht!«

Das mit dem Plattmachen, also, das klappte dann doch nicht so ganz richtig. Die Havixbacher gewannen nämlich 4:1. Torwartkatze Tobi hechtete und faustete wie ein Weltmeister. Elisabeth zeigte alle ihre Tricks, Jonas schoss aus allen Lagen und Uwe rackerte und flankte und setzte die Mitspieler mit tollen Steilpässen ein, aber gegen die Havixbacher hatten Die rosa Teufel keine echte Chance.

Kunststück! Die Havixbacher waren doch längst ein eingespieltes Team, die trainierten immer auf dem großen Platz, die blauen Stürmer waren für die Billerbacher Verteidiger einfach zu stark.
Aber als Tobi und seine Mitspieler dann mit gesenkten Köpfen zum Abschiedsgruß zur Mittellinie trotteten und sogar Tränen in den Augen hatten, da geschah etwas Unerwartetes. Die Zuschauer nämlich, die aus Billerbach mitgekommen waren, jubelten ihnen zu!
Und Trainer Michael kam gelaufen und lachte: »He, he, ihr trüben Tassen! Seid ihr hier auf 'ner Beerdigung? Hoch die Köpfe, los! Ihr habt zum ersten Mal in eurer gemeinsamen Klassenmannschaft gespielt und zum ersten Mal auf so einem großen Spielfeld! Und gegen das eingespielte Team von Havixbach habt ihr bloß vier Törchen eingesteckt. Und sogar ein Ehrentor habt ihr geschossen! Das war ein toller Anfang. Leute, ihr könnt stolz sein auf eure Leistung!«
Die Zuschauer aus Billerbach jubelten noch immer. Bürgermeister Wieling hatte sogar seinen Hut gezogen. Lehrerin Lienenbeck schwenkte begeistert ihr Fähnchen. Da wurden auch Die rosa Teufel wieder fröhlich.

Ein Revanchespiel gegen die Havixbacher wurde vereinbart! Ein Rückspiel sollte noch vor den großen Ferien stattfinden. Die rosa Teufel schworen sich: Wir werden trainieren wie die Teufel!

Und sie brauchten sich auf dieses Revanchespiel gar nicht auf dem kleinen Bolzplatz in Unterbillerbach oder auf dem noch kleineren in Oberbillerbach vorzubereiten, denn eine wunderbare Überraschung wartete auf Die rosa Teufel!

Die große Überraschung

Sie saßen am Abendbrottisch: Vater Bodo Bosse, die große Schwester Cordula und Tobi. Unter dem Tisch hechelte der Boxer Ben und wartete darauf, dass Tobi ihm ein paar Brocken vom Leberwurstbrötchen zusteckte. Mutter Thea Bosse befand sich zu dieser Zeit im Rathaus, weil sie nämlich in den Gemeinderat gewählt worden war, und der hatte wieder einmal eine wichtige Sitzung. Da konnte es spät werden.
Cordula schüttelte empört den Kopf. Was der

Vater da in sich hineinschaufelte! Fettige Bratkartoffeln und Spiegeleier – und zwar in riesigen Mengen. Er war Inspektor beim Wasserwerk in der Kreisstadt und verbrachte die meiste Zeit am Schreibtisch. Musste er da futtern wie ein Holzfäller? Und Tobi! Das war doch mindestens sein viertes Wurstbrötchen!

»Tobi«, sagte Cordula streng, »was habe ich der Mannschaft beim letzten Konditionstraining zum Thema Ernährung angekündigt? Wer sich nicht an meinen Gesundheitsplan hält, fliegt aus dem Team! Michael ist ganz meiner Meinung.«

Tobi verteidigte sich. »Ich hab einen anstrengenden Tag hinter mir, dass du's weißt! Sechs Stunden Schule. Und dann haben wir noch ziemlich lange gekickt, der Jonas und ich, und

im Garten hab ich auch geschuftet. Ein Torwart braucht Kraft.«
»Du Komiker!« Da konnte Cordula ja nur lachen. »Klar braucht ein Torwart Kraft, aber wenn er zu viel Fett verschlingt, wird er nicht bloß dick, sondern auch blöde im Kopf und kann nicht mehr schnell reagieren.«
»Du und dein Grünzeug!« Tobi zeigte ziemlich angewidert auf Cordulas Teller, wo er außer ein bisschen Vollkornbrot nur Gurkenscheiben und Tomatenschnitze, Salatblätter und Radieschen sah. Was für ein trauriger Anblick! »Ich bin ein Fußballtorwart und keine Ziege.«
Cordula blieb hart. »Nimm dir an Jonas ein Beispiel! Seit der sich nicht mehr ausschließlich von Würsten und Pommes mit Majo und Hamburgern ernährt, ist der viel schneller geworden. Gesundes Getreide, vitaminreiche Rohkost, frisches Obst – solche Sachen. Jonas isst Vollkornbrot, genau wie ich, und nicht solche Dickmacherbrötchen. Und mit den Süßigkeiten, also, da hat er sich auch mächtig zusammengerissen. Anders als du!«
»Sei nicht so streng mit dem Tobi!«, mahnte Vater Bosse mit vollem Mund. »Kinder, die im Wachstum sind, müssen nun mal richtig reinhauen.«

»Richtig. Das ist das passende Wort: richtig!« Cordula schnaubte wütend. »Mensch, Paps, halt du dich da mal raus. Von richtiger Ernährung hast du doch null Ahnung. Von mir aus kann unser Tobi ja ruhig platzen, aber dann spielt er eben nicht mehr bei den Rosa Teufeln mit. So einfach ist das.«
Entsagungsvoll schob Tobi dem Boxerhund ein halbes Brötchen ins Maul und stand auf. Cordula hatte ihm ganz und gar den Appetit verdorben. Er dachte: Dabei hätte ich doch glatt noch zwei Brötchen und den Rest von den Bratkartoffeln geschafft! Warum ist Cordula nur so streng mit mir?

»Tobi, hast du die Hausaufgaben ordentlich gemacht?«, fragte der Vater und guckte argwöhnisch über den Brillenrand hinweg. Was die Hausaufgaben betraf, also, da war er nämlich streng.

Tobi druckste herum. »So ’n bisschen, also, so ’n bisschen müsste ich wohl noch machen. Das ist ruck, zuck erledigt.«
»Aber dann mal los!« Der Vater drohte mit sämtlichen Fingern. »Weißt du, wie spät es ist, Tobi?«
Tobi wusste es nicht. Er wollte es auch nicht wissen. Reichlich beleidigt trottete er in sein Zimmer hinauf. Dass Ben ihm folgte und ihm tröstlich die Jeans besabberte, milderte seine Traurigkeit ein wenig.
Oh Schreck! Da waren massenhaft Zentimeterzahlen in Dezimeter und Meter umzuwandeln. 7 964 421 cm = ? Tobi musste erst einmal Ordnung schaffen im Kopf. Wie viele Zentimeter sind ein Dezimeter? Wie viele Dezimeter sind ein Meter? Schimpfend machte Tobi sich ans Rechnen und er war sich sicher, dass sein Kopf bereits qualmte. Und dann musste er auch noch die Fabel von dem Adler und dem Spatz von der Gegenwartsform in die Vergangenheitsform übertragen! Vor allem musste er damit fertig sein, wenn die Mutter nach Hause kam. Denn sie achtete streng darauf, dass Tobi genug Schlaf bekam.
Tobi dachte: Cordula achtet streng auf meine Ernährung, der Paps achtet streng auf meine

Hausaufgaben, die Theamutter achtet streng auf meine Schlaferei. Verdammt, verdammt! Alle sind streng mit mir. Ich bin das ärmste Schwein der ganzen Welt! Und da war so viel Traurigkeit in seiner Brust, dass er am liebsten ein bisschen geheult hätte.
Da hörte Tobi den Schlüssel im Haustürschloss quietschen. Auch das noch! Selbstverständlich hatte die Mutter gemerkt, dass in seinem Zimmer noch das Licht brannte. Die würde jetzt ein schönes Theater mit ihm veranstalten. Zur Vorsicht kroch Tobi unter die Bettdecke.
Aber Tobi irrte sich gewaltig!
»Tobi, Tobi!«, rief die Mutter fröhlich von der Diele her. »Ich hab eine tolle Überraschung für dich. Hopp, komm mal rasch runter!«

Wie eine Rakete schoss Tobi aus dem Bett und Ben sauste ihm natürlich zwischen die Beine und so kamen die beiden mehr gekullert als gelaufen.
»Raus mit der Überraschung!«, brüllte Tobi, als er die Hundebeine und die Torwartbeine endlich auseinander sortiert hatte.
»Du und deine Fußballmannschaft, ihr bekommt einen richtigen Sportplatz! Mit Aluminiumtoren und Rasen und so. Na, was sagst du dazu?«
Tobi sagte zuerst einmal nur: »Mööönsch!«

Da kamen auch Vater Bosse und Cordula aus dem Wohnzimmer. Das war ja spannend, was die Mutter zu berichten hatte.
»Also, wir haben im Gemeinderat einstimmig den Beschluss gefasst, dass unsere tollen Kicker endlich einen anständigen Fußballplatz hergerichtet kriegen.« Thea Bosse schaute in die Runde, als wollte sie sagen: Nun klatscht mal alle Beifall!

Und das taten Bodo Bosse und Cordula und besonders Tobi dann auch und Ben bellte dazu. Tobi knallte die Hände so heftig gegeneinander, dass es brannte.
Er schrie: »So echt richtig groß? Also, nach den FIFA-Regeln soll die Länge des Spielfeldes nicht mehr als 120 Meter und nicht weniger als 90 Meter betragen und die Breite . . .«
»Halt, halt!«, unterbrach die Mutter lachend. »So ganz schaffen wir das nicht, aber so ungefähr. Bestimmt groß genug für Schülermannschaften. Die Gemeinde hat die Uferwiese hinter dem Schulgelände gepachtet. Da wird jetzt der Fußballplatz hergerichtet.«
»Wo der Bauer Lömmes immer seine Ziegen grasen lässt?«, fragte Cordula.

Die Mutter sagte: »Er bekommt dafür eine andere Wiese. Eine viel bessere, oben am Hang. Die Uferwiese ist schön eben, genau richtig für einen Sportplatz.«
Tobi konnte es nicht fassen. Die Uferwiese! Erste Sahne! Da hatten sie manchmal heimlich ein bisschen gekickt, wenn mal keine Ziegen drauf waren, aber Bauer Lömmes hatte die Kinder immer wieder verscheucht. Und nun sollte da ein offizieller Fußballplatz entstehen? Pah, das war genau das Richtige für die Rosa Teufel! Ganz große Klasse!
»Ich muss sofort den Uwe anrufen!« Tobis Gesicht war knallrot geworden vor Begeisterung. »Diese heiße Nachricht wird den glatt aus den Pantoffeln hauen.«
»So spät kannst du doch nicht mehr telefonieren«, protestierte der Vater. »Der Uwe schläft doch längst!«
Tobi schüttelte entschieden den Kopf. »Der Uwe bestimmt nicht. Seine Eltern sind nämlich vernünftig. Der Uwe darf abends gaaanz lange aufbleiben.«
»Frechdachs!« Die Mutter lachte. Dann erzählte sie es ihrem Mann und Cordula: Bürgermeister Wieling hatte selber den Antrag gestellt im Gemeinderat. Wo die Billerbacher Fußballer so

toll gespielt hätten gegen die Havixbacher, müssten sie dringend auch einen großen Sportplatz haben. Schluss mit den winzigen Bolzplätzen! Alle Mitglieder des Gemeinderates hatten für den Antrag des Bürgermeisters gestimmt.
Aber Tobi erlebte an diesem Abend eine zweite Überraschung. Als er nämlich dem Uwe die kochend heiße Neuigkeit durch die Leitung schrie, konnte Uwe bloß kühl antworten:
»Weiß ich schon!«
»Woher weißt du das denn?«, fragte Tobi verblüfft.
»Weil der Michael neulich zum Bürgermeister gegangen ist und gefordert hat: Die rosa Teufel brauchen einen Fußballplatz! Und da hat der Bürgermeister dem Michael versprochen, dass er das im Gemeinderat vorschlagen will.«

»Du bist mir vielleicht ein komischer Clown!«, brüllte Tobi in den Apparat. »Warum hast du mir nix davon gesagt?«
»Ganz einfach«, antwortete Uwe. »Michael hat gemeint, darüber darf erst geredet werden, wenn der Gemeinderat auch wirklich den Beschluss gefasst hat. Und jetzt ist alles in Butter!«

Ein Würstchen mit krummen Beinen

War das ein Gekreische und Gejohle und Gepfeife und Gejubel, als die Kinder am nächsten Morgen von der sensationellen Neuigkeit erfuhren. Auch Frau Lienenbeck machte beim Freudentanz mit. Ein richtiger Fußballplatz für Billerbach! Tobi sah seine Mannschaft schon in der Bundesliga – fast jedenfalls.

Gleich am Wochenende ging die Arbeit an der Uferwiese los. Väter und Mütter halfen mit und selbstverständlich alle Fußballerinnen

und Fußballer. Bürgermeister Wieling war in Gummistiefeln erschienen und der Pfarrer hatte die Hosenbeine hochgekrempelt. Michael hatte ein paar Freunde mitgebracht. Gastwirt Krull spendierte Cola für die Kinder und Bier für die Erwachsenen. Die Oberaufsicht hatte Gärtner Holtkamp übernommen.
Da waren Wühlmaushügel abzutragen und Kuhlen mit Erde aufzufüllen, an der Südseite der Wiese mussten ein paar Lastwagenladungen Mutterboden aufgeschüttet werden, an der Nordseite ebnete ein Baggerfahrer mit schwerem Gerät die Buckel im Gras, Disteln mussten ausgestochen werden und allerlei Gesträuch war zu beseitigen. Die meisten Helfer, ob groß oder klein, kamen gewaltig ins Schwitzen.

Gärtner Holtkamp erklärte: »So, jetzt wird an den nackten Stellen Grassamen ausgesät. Wehe, jemand latscht in den nächsten zwei Wochen auf der Wiese rum! Dem reiße ich persönlich die Ohren ab.«

Das war natürlich ein bisschen enttäuschend für die Rosa Teufel, denn die hatten sich eingebildet, sie könnten sofort mit dem Fußballspielen anfangen. Doch sie mussten Geduld aufbringen, so schwer es ihnen auch fiel, aber es sollte ja ein erstklassiger Platz werden.

Jeden Tag nach der Schule rannten Tobi und seine Freunde und Freundinnen zur Uferwie-

se, um nachzuschauen, ob das nachgesäte Gras auch schön wuchs. Die Leute von Gärtner Holtkamp hatten mit einer Walze den Boden gefestigt. Bald konnte schon gemäht werden. Die rosa Teufel fieberten geradezu dem Tag entgegen, an dem sie endlich auf *ihrem* Fußballplatz spielen konnten. Beim Training auf dem Bolzplatz der ehemaligen Unterbillerbacher, der ja ein wenig größer war als der der Oberbillerbacher, waren sie längst nicht mehr richtig bei der Sache.

Dann kam der Tag, an dem der hohe Maschendrahtzaun aufgerichtet wurde. Den hatte die Sparkasse gestiftet und der war ja nötig, damit die Bälle später nicht in den Billerbach plumpsten oder auf die schreckliche Bundesstraße kullerten. Elisabeth behauptete, solch ein Zaun sehe echt professionell aus.

Und die Tore!

Die wurden von der Firma Metallbau Weltzel aufgestellt – unentgeltlich, wie der Firmenchef betonte und wie es dann auch in der Zeitung stand. Tobi schnitt sich das Foto aus, das den Fußballplatz und eines der blitzenden Aluminiumtore zeigte. Ja, bald war der große Tag der Platzeinweihung da!

Doch vorher geschah noch etwas ganz anderes.

Ein Neuer kam in die vierte Klasse! Frau Lienenbeck hatte ihn gar nicht angekündigt. Er stand eines Tages einfach da im Türrahmen und grinste.

»Das ist Heribert«, sagte Frau Lienenbeck und nahm den Neuen ein bisschen in den Arm. »Er gehört nun zu uns.«

Trude flüsterte: »Der sieht aber ziemlich mickrig aus!«

Stöpsel meinte: »Jedenfalls ist er kleiner als ich.«

Uwe raunte Tobi zu: »Ein Würstchen! Und krumme Beine hat er.«

Dass der Neue arg dünn und reichlich kurz war, fand Tobi auch. Klar, seine Beine schienen tatsächlich etwas krumm zu sein, doch hatten nicht manche Profifußballer, vor allem die dribbelstarken, solche O-Beine? Aber Tobi dachte auch: Also, wie ein Fußballspieler sieht der Heribert bestimmt nicht aus. So einer kippt doch aus den Schuhen, wenn man den mal bloß scharf anguckt. Uwe hatte Recht: ein Würstchen!

Natürlich war das ein Grund zum Lachen und Tuscheln und Glucksen, wenn ein Neuer in die Klasse kam. Tobi erinnerte sich genau an den Tag, als er als Neuer in die Klasse gekommen war, weil seine Familie aus der Kreisstadt nach Billerbach umgezogen war. Da war ihm ganz schön flau im Bauch gewesen. Darum machte er jetzt beim allgemeinen Geschnatter nicht mit.

»Heribert!«, kicherte Jonas. »Was für 'n altmodischer Name!«

Elisabeth, die Klassensprecherin, sagte laut: »Der hat aber ein prima lustiges Gesicht, der Heribert!«

Ja, das fand Tobi auch. Der Neue hatte eindeutig ein lustiges Gesicht.

Neben Mehmet war ein Platz frei. Dort knallte

Heribert seine Schultasche auf den Tisch und streckte die Nase in die Luft, als er sich hinsetzte. Sein Gesicht schien zu sagen: Okay, Leute, ich gehöre jetzt zu euch. Also starrt mich nicht so doof an!
Und dann konnte endlich der Unterricht beginnen. Geometrische Figuren wurden an die Tafel gezeichnet: Kreise, Würfel, Kegel, Dreiecke ... Heribert kannte sich anscheinend gut aus, er meldete sich oft.
Völlig klar, in der großen Pause wurde er von den Mitschülerinnen und Mitschülern ausgefragt. »Wo wohnst du?« – »Hast du Geschwister?« – »Was für einen Beruf hat dein Vater?« –

»Arbeitet deine Mutter auch?« – »Wo hast du bisher gewohnt?« – »Wer ist dein Lieblingsmusiker?« – »Liest du gern Bücher?« – Und so weiter und so weiter. Heribert antwortete fröhlich. Es machte ihm wohl nichts aus, dass die anderen Kinder ihm Löcher in den Bauch fragten.

Dann kam Jonas angeschlendert. Er hatte in der rechten Hand eine Banane und in der linken ein Schinkenbrot und biss abwechselnd ab. Er baute sich breitbeinig vor Heribert auf und stippte ihn mit dem Ellenbogen an. »Sag mal, kannst du auch Fußball spielen?«

»So ’n bisschen schon«, sagte Heribert.
»Aber eigentlich bist du zu mickrig dafür«, meinte Jonas.
»Man muss ja nicht unbedingt so fett sein wie du«, gab Heribert zurück. »Hast du schon mal was von Herzinfarkt und so gehört? Dicke Typen fangen sofort an zu kotzen, wenn sie mal schnell rennen müssen. Gute Fußballspieler sind jedenfalls immer schlank.«
Das war natürlich zu viel für Jonas! Er kriegte keinen Ton raus, so verschlug es ihm die Sprache. Erstens war er doch ein ausgesprochen guter Fußballspieler mit einem Mordsschuss und zweitens hatte er sich in den letzten Wochen ziemlich genau an Cordulas Anweisungen gehalten.
»Ich bin nicht fett!«, schrie er, als er endlich wieder schreien konnte. »Nimm das zurück!«
»Und ich bin nicht mickrig!«, schrie Heribert. »Nimm das zurück!«
Da mischte Elisabeth sich ein. »Hört schon auf, ihr blöden Kampfgockel! Habt ihr schon mal das Wort Klassenkameradschaft gehört?«
Heribert zeigte auf Jonas. »Er hat angefangen.«
Zuerst machte Jonas: »Puh!« Dann sagte er gönnerhaft: »Du kannst ja mal zuschauen,

wenn wir spielen. Wir sind Die rosa Teufel. Eine superprima Mannschaft, das kann ich dir flüstern. Die Augen werden dir rausfallen und einen neuen Platz haben wir jetzt auch!«

»Na schön«, antwortete Heribert ganz cool, »ich werd mir das mal anschauen, ob ihr wirklich so superprima seid, wie du behauptest. Kann ja auch sein, dass du bloß angibst.«

Das löste natürlich bei den Rosa Teufeln wütendes Geschrei aus. Was, der Neue zweifelte an ihrer Extraklasse? Na, dem würden sie's zeigen, wenn sie endlich, endlich auf den neuen Fußballplatz durften.

Und darauf brauchten sie gar nicht mehr lange zu warten. Michael verkündete beim nächsten Training, dass in zwei Tagen das Gras auf der Uferwiese mit einem kleinen Rasenmähertrecker ganz kurz geschnitten werde – ja, und dann stehe der Einweihungsfeier nichts mehr im Wege.

Tobi war selig. Am Nachmittag stand er lange am Maschendrahtzaun und schaute sich jeden Grashalm geradezu einzeln an. Was für ein Fußballplatz! Das Münchner Olympiastadion war kein Fitzelchen besser als der Billerbacher Platz. Tobi sah sich als Torwartkatze durch die Luft fliegen, sah sich hohe Bälle wegfausten, sah sich tollkühn beim Rauslaufen, sah sich als unbezwingbaren Meister zwischen den Pfosten. Ha, die Havixbacher sollten nur kommen!

Tobi fühlte sich stark und glücklich.

Im Fußballglück

Tobi, Rita, Bogdan und die anderen von den Rosa Teufeln waren sich einig: Der erste Teil der Einweihungsfeier war zum Vergessen! Der Bürgermeister hielt eine Rede, der Pfarrer hielt eine Rede, die Vorsitzende des Ausschusses für Jugend, Sport und Kultur hielt eine Rede, der Rektor hielt eine Rede. Und die

Trommler und Bläser vom Spielmannszug trampelten im Marschtritt auf dem neuen Platz herum und machten schreckliche Musik. Mit dem Gerede war es dann immer noch nicht zu Ende, denn der Sparkassendirektor, Gärtner Holtkamp und die Geschäftsführerin von Metallbau Weltzel mussten unbedingt noch ihre Grußworte von kleinen Zetteln ablesen. Danach wurde ein Prominentenelfmeterschießen veranstaltet, damit Frau Rappelberg von der Zeitung etwas zu knipsen hatte. Bürgermeister Wieling stellte sich ins Tor. Das war ja eigentlich zu klein für so einen Zweizentnermann, denn es hatte die Maße für Jugendmannschaften. Wie alle Bürgermeisterinnen

und Bürgermeister war Herr Wieling ganz wild darauf, fotografiert und in der Zeitung abgebildet zu werden, und darum lachte er fröhlich und mit dem Ball unter dem Arm in die Kamera hinein. Das Lachen verging ihm aber bald, denn er erwies sich als ausgesprochene Flasche. Kaum einen Ball hielt er! Tobi durfte gar nicht hinschauen. Ausgerechnet Frau Lienenbeck gewann das Elfmeterschießen.

Dann wurde die Feier aber endlich super. Vom versammelten Gemeinderat bekam die Mannschaft einen funkelnagelneuen Fußball geschenkt. Die beiden Metzgermeister von Billerbach kamen mit einem Lieferwagen angetuckert und es gab Pommes und Currywurst und Cola für alle. Cordula warf den Spielerinnen und Spielern zwar drohende Blicke zu, doch natürlich konnte sie nichts dagegen machen, dass sich alle Kinder die Bäuche voll schlugen. Solch ein Festtag ist ja schließlich auch eine Ausnahme. Besonders Jonas und Tobi futterten, als wären sie kurz vor dem Verhungern gewesen.

Und dann zogen die Erwachsenen – endlich! – lachend und schwatzend davon. Jetzt gehörte der neue Fußballplatz nur noch den Rosa Teufeln.

Stöpsel fragte: »Müssen wir heute richtig so ’n Training machen oder dürfen wir einfach spielen?«
Michael und Cordula waren sich rasch einig. Es gab ein bisschen Stretching, ein paar Minuten Gymnastik und dann machte Cordula, die wie immer im rosafarbenen Jogginganzug erschienen war, noch ein paar Sprintübungen vor. Michael aber hockte sich einfach an den Spielfeldrand und gab mit ausgebreiteten Armen zu verstehen: Heute dürft ihr machen, was ihr wollt.
Die rosa Teufel im Fußballglück!

Mehmet stellte sich ins linke Tor, Tobi ins rechte. Und außer dem neuen Ball wurden auch alle anderen Bälle durch die Gegend gekickt. Das war ein herrliches Durcheinander. Jeder spielte gegen jeden, die Kinder tobten quer über den Platz, knallten mal auf dieses Tor und mal auf jenes, wälzten sich im Gras und kreischten vor Vergnügen.
Was für ein toller Fußballplatz!
Einmal warf Tobi sich dem Uwe genau in die Schussbahn und kriegte den Ball sozusagen mit Schmackes vor den Bauch und der war ja prallvoll vom wunderbaren Essen. Für einen

Augenblick sah Torwart Tobi Sterne, aber bald konnte er schon wieder lachen. Elisabeth und Fuzzi Ralf übten Doppelpassspiel und rannten dabei die dünne Rita über den Haufen, doch der machte das nichts aus. Und Pitter mit dem blauen Stirnband nutzte bei einem Fallrückzieher seine ganze Schusskraft aus und hätte den neuen Ball um ein Haar über den Maschendrahtzaun gedroschen. Mehmet musste zwei Schüsse gleichzeitig parieren und machte das hervorragend.

»Der fliegende Fisch!«, jubelte Mehmet. »Ich bin der beste Torwart Europas!«

Tobi hatte das gehört. »Und ich bin der beste Torwart der Welt!«, schrie er.

»Und ich bin der beste Fußballspieler des ganzen Universums!«, krähte Stöpsel.

Ausgerechnet Stöpsel! Da mussten alle schrecklich lachen.

Michael blies schließlich auf seiner Trillerpfeife und winkte alle Spielerinnen und Spieler zur Mittellinie. Die waren außer Puste und hatten rote Köpfe von der Toberei. Das hatte Spaß gemacht!

»So, liebe Leute«, sagte Michael, »jetzt habt ihr unseren Fußballplatz ja gehörig eingeweiht. Ab jetzt ist erst mal Schluss mit lustig. Übermorgen wird ernsthaft trainiert, dass das mal klar ist.«

»Und mit der unmäßigen Fresserei ist's auch vorbei«, ergänzte Cordula. »Jetzt wird wieder vernünftig gegessen nach meinem Ernährungsplan.« Dabei schaute sie natürlich Tobi und Jonas ganz besonders scharf an.

Dass Heribert aus der Ferne zugeschaut hatte, war bei dem fröhlichen Getümmel von niemandem bemerkt worden.

Die rosa Teufel steckten zum Abschied die Köpfe zusammen:

»Eins-zwei-drei-vier!
Superchampions, die sind wir!
Fünf-sechs-sieben-acht!
Alle werden platt gemacht!«

Der gelbe Blitz

Am Morgen war ein leichter Regen niedergegangen. Gut für den Rasen des neuen Platzes! Jetzt, am Nachmittag, blitzte die Sonne wieder durch die Wolken, die Luft war klar, der Wind wehte Gerüche von Wärme und Sommer ins Tal von Billerbach und pustete auch den Gestank der schrecklichen Bundesstraße in eine andere Richtung. Nach und nach trudelten die Spielerinnen und Spieler ein. Zum Training hatte man pünktlich zu erscheinen, das war Ehrensache.

Plötzlich stand auch der Neue da!

»Ich heiße Heribert«, sagte er zum Trainer, »und weil ich ja jetzt auch hier in der vierten Klasse bin, da wollte ich mal fragen, ob ich mitmachen darf.«
Michael schaute sich den Jungen ein wenig verwundert an. Besonders sportlich wirkte er nicht. Aber Rita und Stöpsel waren auch ziemlich zierlich. Außerdem dachte Michael: Bei uns darf jeder mitmachen, der Freude am Fußballspielen hat, denn darauf kommt es an!
»Klar«, sagte Michael, »du bist willkommen, Heribert. Kannst du schon ein bisschen Fußball spielen?«
»Glaub ich schon«, antwortete der Neue und guckte in die Runde der Rosa Teufel. »Schlechter als die anderen bin ich bestimmt nicht.«
Tobi dachte wütend: Was heißt hier *schlechter?* Wir sind doch verdammt gut! Er sah, dass Heribert Fußballschuhe trug und eine Schlabberhose, aus der die dünnen Beine wie krumme Spargelstangen herauszuwachsen schienen. Auffällig aber war das Hemd. Da prangte nämlich ein aufgenähter gelber Blitz wie ein Erkennungszeichen. Ein gelber Blitz! Was sollte das wohl bedeuten?
Michael fragte: »Was kannst du denn wohl am

besten? Verteidigung? Mittelfeld? Oder meinst du, dass du vielleicht im Sturm spielen könntest?«
»Hängende Spitze«, sagte Heribert entschieden, »das ist meine Spezialposition. Direkt hinter den Stürmern mit Bindung zum Mittelfeld. Ich kann ganz gut meine Mitspieler in Schusspositionen bringen. Steilpässe und so.« Er zeigte auf den gelben Blitz. »Einigermaßen schnell bin ich auch.«
Eine Mischung aus Zweifel, Verwunderung und Lachen huschte über Michaels Gesicht. »Aha, ich verstehe. Du meinst, du könntest so eine Art Spielmacher sein, oder?«
Heribert nickte ernst. »Jedenfalls könnte ich's ja mal versuchen. Selbstverständlich wird mir zuerst noch die Bindung zur Mannschaft fehlen.«

Tobi wusste nicht genau, ob er schimpfen oder kichern sollte. Wie der redete! Wie so ein ausgekochter Profi. Spielmacher! Solch ein Würstchen und Spielmacher – da wiehern doch die Walrosse! Er guckte zu Uwe und Jonas und Elisabeth hinüber. Die standen da mit offenen Mündern und staunten ebenfalls über den Wichtigtuer. Jonas tippte sich heimlich an die Stirn.
»Und auf welcher Seite bist du stärker?«, wollte Michael wissen. »Links oder rechts?«
»Och, das ist mir eigentlich piepegal«, erklärte Heribert, »weil ich nämlich mit beiden Füßen gleich gut schieße. Ich spiele das, was der Trainer mir sagt.«
Das war zu viel! Plötzlich brüllten alle los. Haha! Er spielt das, was der Trainer ihm sagt!

Jetzt fehlte nur noch, dass er behauptete, er habe schon hundertmal in der Nationalmannschaft mitgespielt.
Michael schmunzelte ein bisschen. »Okay, Heribert, wir probieren das mal aus. Aber jetzt ist zuerst einmal das Konditionstraining angesagt. Cordula, übernimmst du mal unsere Rabauken?«
Cordula übernahm. Und wie! Tobi hätte seine große Schwester am liebsten erwürgt. Was die

an Verrenkungen und Verdrehungen und Verschlingungen verlangte!
»Ihr seid alle wieder viel zu verkrampft!«, rief Cordula und machte gymnastische Übungen vor. Die sahen bei ihr elegant und leicht und locker aus, aber die waren unheimlich schwer nachzumachen.
Tobi dachte: Wenn meine Wirbelsäule durchbricht, hat Cordula Schuld. Ich bin doch Torwart und kein Schlangenmensch, der im Zirkus auftreten will!

Tobi machte eine Entdeckung, die gefiel ihm überhaupt nicht. Heribert schien diese Übungen nämlich alle schon zu kennen. Wie selbstverständlich wiegte er sich in den Hüften, dehnte die Schultern, ließ Arme und Beine schwingen – und bei ihm wirkte es so, als wäre es das Allerleichteste von der ganzen Welt.

Dann übten sie kurze Sprints, stoppten auf Cordulas Pfeifsignal und spurteten in die Gegenrichtung. Und so schnell und spritzig wie Uwe und Elisabeth und Mehmet auch waren: Heribert schien immer eine Spur flinker zu sein. Er nahm solch eine Körperschulung ganz offensichtlich ernst und sie machte ihm auch Spaß. Tobi fluchte. Ihm kam es darauf an, Bälle abzuwehren, er wollte doch nicht Weltmeister im Rumhüpfen werden!

Schließlich begann das Training mit dem Ball. Immer zu zweit wurden die Kicker von Michael über den Platz geschickt und mussten sich gegenseitig Vorlagen geben, ohne im Rennen abzustoppen. Das verlangte Konzentration und Ballgefühl. Michael schnauzte wie ein Kutscher, als Fuzzi Ralf die Pässe so kurz spielte, dass Trude immer wieder abstoppen musste im Lauf. Bogdan und Jonas machten es viel besser. Uwes Zuspiel kam astrein, Tobi stolperte einmal aber fast über den Ball.
Michael rief: »Tobi, du sollst nicht pennen! Sofort kontrolliert zurückpassen! Und Tempo!«
Tobi protestierte. »Ich bin doch Torwart!«
Aber Michael kannte kein Erbarmen. »Im modernen Fußball muss der Torwart auch spielerische Qualitäten haben«, erklärte er. »Nur auf der Linie stehen und abwarten, das ist zu wenig. Ein richtig guter Torwart spielt mit, der muss immer anspielbar sein bei Rückpässen und der muss den Ball exakt wieder an einen Mitspieler weiterleiten. Sonst gibt's nämlich Katastrophen im Strafraum. Stell dir vor, du veranstaltest im Spiel so einen krummen Gurkenschuss wie eben und der Gegner kriegt den Ball und haut ihn dir in den Kasten. Also, gib dir Mühe!«

Tobi gab sich Mühe.
Und dann bekam er vor lauter Staunen ganz große Augen. Elisabeth und Heribert versuchten sich nun im Zuspiel. Heribert war fast bis zur Außenlinie gelaufen. Obwohl er auf der rechten Seite des Platzes war, gab er die Vorlage mit dem linken Fuß. Mit dem Außenrist schnitt er den Ball an. Der schien weit, weit vor Elisabeth die Mittellinie zu erreichen, doch dann drehte er sich so fein in Elisabeths Lauf, dass die Technikerin ihn wunderbar annehmen und zu Heribert zurückpassen konnte. Und so ging es hin und her, dass es echt zum

Staunen war. Wirklich, der Neue beherrschte den Ball mit beiden Füßen gleich gut.
Tobi musste sich eingestehen: Heribert war ungemein schnell, so schnell wie – ja wie denn? Wie ein gelber Blitz, dachte Tobi. Und dann wurde ihm auch klar, dass solch ein Spieler eine enorme Verstärkung für die Rosa Teufel war.
»Klasse!«, lobte Michael. »Elisabeth und Heribert, ihr habt das ausgezeichnet gemacht. Trude und Pitter, ihr seid jetzt mal an der Reihe!«
Später ließen sie den Ball zickzack im Dreieck hin und her wandern, bildeten Kreise und immer wieder ein anderer musste in die Mitte und versuchen den Ball abzufangen. Und auch hier

zeigte sich, dass Heribert ungemein geschickt war. Er täuschte, lupfte den Ball, spielte ihn mit der Hacke und erst im letzten Moment konnte man erkennen, mit welchem Fuß er zum Ball ging. Als er dann in die Mitte musste, um den Mitspielern den Ball abzujagen, bewies er seine Schnelligkeit.
Tobi dachte: Würstchen mit krummen Beinen? Das ist das schnellste Würstchen, das ich kenne. Und wie der Kerl mit seinen dünnen Beinen zaubert, das ist schon meisterlich.

Michael stellte nun Abwehrformationen und Angriffsreihen zusammen und wechselte immer wieder aus. Er musste ja herausfinden, auf welchen Positionen die einzelnen Spielerinnen und Spieler am stärksten waren und wer mit wem besonders gut harmonierte. Mehmet und Tobi hüteten abwechselnd das Tor. Das hatten sie auch früher auf den kleinen Bolzplätzen geübt: Spiel auf ein Tor, Angriff gegen Abwehr.
Heribert konnte eindeutig am besten von allen mit dem Ball am Fuß rennen. Wenn er den Ball führte, schaute er nicht unentwegt nach unten, sondern hielt die Nase hoch und hatte den Blick frei für seine Mitspieler. Butterweich kamen seine Flanken und so genau für Elisabeth, dass die bisweilen den Ball nur präzise mit der Stirn nach unten zu drücken brauchte. Tückische Aufsetzer waren das, Schwerstarbeit für die Torleute Tobi und Mehmet.
Jonas als Libero gab sich alle Mühe die Abwehr zu organisieren. Mit viel Umsicht wies er die Verteidiger an sich um diesen oder jenen Stürmer zu kümmern, da oder dort die Räume eng zu machen und bei Standardsituationen am vorderen oder am hinteren Torpfosten dem Torwart zu helfen.
Uwe ließ sich von Heriberts Spielfreude mäch-

tig anstecken. Er nahm die Vorlagen von Rita, Bogdan und Heribert direkt an und donnerte, ohne den Ball vorher zu stoppen, sofort auf den Kasten. Von seinen Wuchtschüssen taten Tobi die Hände weh, obwohl er seine Spezialhandschuhe trug, die eigentlich die Gartenhandschuhe seiner Mutter waren. Einmal reckte Tobi sich so sprunggewaltig zum linken oberen Dreieck und drehte so geschickt den Ball über die Querlatte, dass selbst Michael Beifall klatschte. Und das wollte etwas heißen! Tobi spürte das warme Gefühl im Bauch und war selig.

Doch die kalte Dusche folgte auf dem Fuß. Und das kam so: Bogdan schlug von der linken Seite eine Flanke hoch in den Strafraum. Die lange Elisabeth reckte sich, kam aber nicht mehr an den Ball. Ha, den pflücke ich mir mit der Mütze, dachte Tobi, aber das dachte er auch nur. Plötzlich schnellte Heribert vor ihm hoch, sein Kopf war auf einmal höher als Tobis Torwarthände und dann zappelte der Ball im Netz. Wie eine Feder war der kleine Heribert gesprungen. Er war wirklich ein gelber Blitz.

Dann passierte etwas Böses. Der ehrgeizige Pitter hatte sich anscheinend vorgenommen so etwas wie den Spezialbewacher für den Neuen zu spielen. Als Heribert gedribbelt kam, warf er sich ihm mit vorgestreckten Beinen entgegen. Das war schon regelwidrig. Aber geschickt schob Heribert den Ball zwischen Pitters Beinen durch. Getunnelt! Da sah Pitter rot. Er rannte Heribert nach und schlug ihm von hinten die Beine weg.
Michael kam gelaufen. »Bist du bescheuert, Pitter?«
Pitter versuchte sich zu verteidigen. »Die Bundesligaspieler, die machen das doch auch so!«

»Schlimm genug!«, schnauzte der Trainer. »Musst du gewissen Hirnis denn alle Gemeinheiten nachmachen? Los, entschuldige dich bei Heribert! Und so etwas kommt mir nicht noch einmal vor, klar? Fairness ist im Sport das Wichtigste.«

Pitter zog sich das blaue Stirnband über die Augen und schämte sich. Rita kümmerte sich um Heribert. Der war nach dem Tritt in die Hacken am Spielfeldrand vom Gras geglitten und hatte sich auf dem Schotter der Platzumrandung böse das Knie aufgeratscht. Es blutete, doch Heribert heulte nicht. Er ergriff sogar die Hand, die Pitter ihm entgegenstreckte.

»Kann ja mal passieren«, murmelte Heribert.

»Kommt nie wieder vor«, murmelte Pitter.

Pitter musste dann zur Strafe drei Runden um den Platz drehen, während die anderen Eckbälle übten. Michael hatte am Stellungsspiel der Verteidigung eine Menge auszusetzen. Fuzzi Ralf säbelte zweimal wie ein Anfänger über den Ball, Mehmet griff beim Rauslaufen ins Leere, Trude hatte Schiss beim Köpfen.

»Schluss für heute!«, verkündetet Trainer Michael dann. »Ihr seht, wir haben noch eine Menge Arbeit, wenn wir gegen die Havixbacher bestehen wollen. Das läuft noch nicht richtig

zusammen bei uns. Aber an den neuen Platz werden wir uns bestimmt bald gewöhnt haben. Und dass Heribert jetzt zu unserer Mannschaft gehört, das ist ja wohl klar, oder?«
Ja, das war allen klar.
Tobi musste sich eingestehen, dass er ziemlich neidisch war auf den gelben Blitz.

Technik, Tricks und Taktik

Frau Lienenbeck erlebte die Begeisterung der Rosa Teufel mit gemischten Gefühlen. Einerseits freute sie sich darüber, dass die Kinder aus der Fußballmannschaft so eifrig bei der Sache waren, andererseits musste sie Acht geben, dass das Fußballspielen nicht zum Hauptthema in der vierten Klasse wurde, denn da gab es ja auch noch Mädchen und Jungen, die sich nichts aus Fußball machten.
Dass der Neue so gut von den anderen aufgenommen wurde, freute sie allerdings sehr. Sie wusste ja, dass Heribert es zu Hause nicht

leicht hatte. Die Eltern hatten sich getrennt, die Mutter fuhr jeden Tag zur Arbeit in die Kreisstadt und die Großmutter, die sich tagsüber um das Kind kümmerte, war mit ihrer Rolle ein wenig überfordert. Zum Glück war Heribert aber ein guter Schüler und ein guter Fußballspieler außerdem. Die Mannschaft würde ihm bestimmt helfen hier in Billerbach heimisch zu werden.

Der Termin für das Rückspiel gegen die Blauen aus Havixbach rückte näher. Es war vereinbart, dass die Revanche noch vor dem Ende des Schuljahrs stattfinden sollte. Nach den Ferien würde es diese vierte Klasse ja nicht mehr geben, denn die Kinder würden zu anderen Schulen überwechseln. Daran durfte Frau Lienenbeck gar nicht denken, denn sie hatte ihre Krachmeier ins Herz geschlossen. Und was würde aus der Fußballmannschaft werden? Ob die jungen Leutchen wohl ein Team blieben, wenn sie nicht mehr in dieselbe Klasse gingen?

Trainer Michael hatte auch seine Sorgen. Er musste unbedingt die Erwartungen der Spielerinnen und Spieler bremsen. Die waren nämlich fest davon überzeugt, dass sie das Rückspiel gewinnen würden – und das sah Michael ganz anders!

Die Havixbacher Schülerinnen und Schüler hatten bei ihrem Schulzentrum eine erstklassige Sportanlage. Sie waren daran gewöhnt, dass sie alle Mannschaftssportarten auf Plätzen austrugen, die den Regeln entsprachen. Die Billerbacher Kinder konnten aber doch erst seit kurzer Zeit auf einem großen Platz Fußball spielen! Außerdem sahen nach Michaels Meinung einige aus dem Team das alles viel zu verbissen. Tobi, Pitter und Jonas vor allem.
Und so sagte Michael beim nächsten Training noch einmal ganz deutlich: »Liebe Leute! Fußball ist vor allem ein Spaß, vergesst das nicht. Gewinnen ist prima. Aber ihr sollt vor allem aus Freude am gemeinsamen Spiel kicken. Es macht überhaupt nichts, wenn ihr gegen die

Blauen aus Havixbach verliert. Habt ihr das kapiert?«
Sie nickten zwar alle, aber nicht alle schienen Michaels Ansicht zu teilen. Wie die Wilden setzten sie sich bei den Übungen ein. Cordula und Michael mussten die Übereifrigen erst einmal zur Vernunft bringen.
Michael erklärte: »Es hat mal einen ganz berühmten Trainer gegeben, der hieß Sepp Herberger. Nationaltrainer war der. Und der hat mal gesagt: ›Der Ball ist immer am schnellsten.‹ Versteht ihr, was das bedeutet?«
»Dass wir nicht so viel fummeln sollen«, meinte Trude. »Früher abspielen und so.«
»Und dass wir den Ball laufen lassen sollen, weil der schneller ist als die Spieler«, ergänzte Bogdan.
»Genau!« Michael guckte Fuzzi Ralf besonders

scharf an, weil der sich nur schwer vom Ball trennen konnte. »Unsere Taktik muss sein, dass sich alle möglichst rasch freilaufen, damit sie anspielbar sind. Der Ball muss richtig schön durch die Mannschaft wandern. Alleingänge nur dann, wenn's nötig ist. Aber sonst: Nicht viel dribbeln, sondern den freien Mitspieler suchen. Doppelpässe sind angesagt, klar? Und ruhig mal aus der zweiten Reihe aufs gegnerische Tor schießen.«
»Jau!«, brüllte Uwe. »Bringt mich in 'ne anständige Schussposition und ich hau dann die Dinger rein!«
»Und mich vor allem!«, kreischte Stöpsel.
Da lachten die anderen natürlich, denn Stöpsel hatte wirklich keinen besonders festen Schuss.

Aber ein fleißiger Angreifer war er trotzdem und hatte schon viele tolle Vorlagen gegeben. »Vergesst nicht Elisabeth mit hohen Flanken zu bedienen«, mahnte Michael. »Sie ist die Kopfballstärkste.« Dann erklärte er, dass man durch ständigen Positionswechsel die Gegnermannschaft in Verwirrung bringen könne. »Vor allem im Mittelfeld dürft ihr nicht auf euren Posten kleben bleiben. Mal nach links ausweichen, mal nach rechts. Das trainieren wir nachher noch einmal. Und jetzt sage ich euch, wie ich mir ungefähr die Mannschaftsaufstellung gedacht habe.«
Der Trainer hatte einen großen Karton mitgebracht und schrieb nun mit einem Filzstift die Namen zu den einzelnen Positionen:

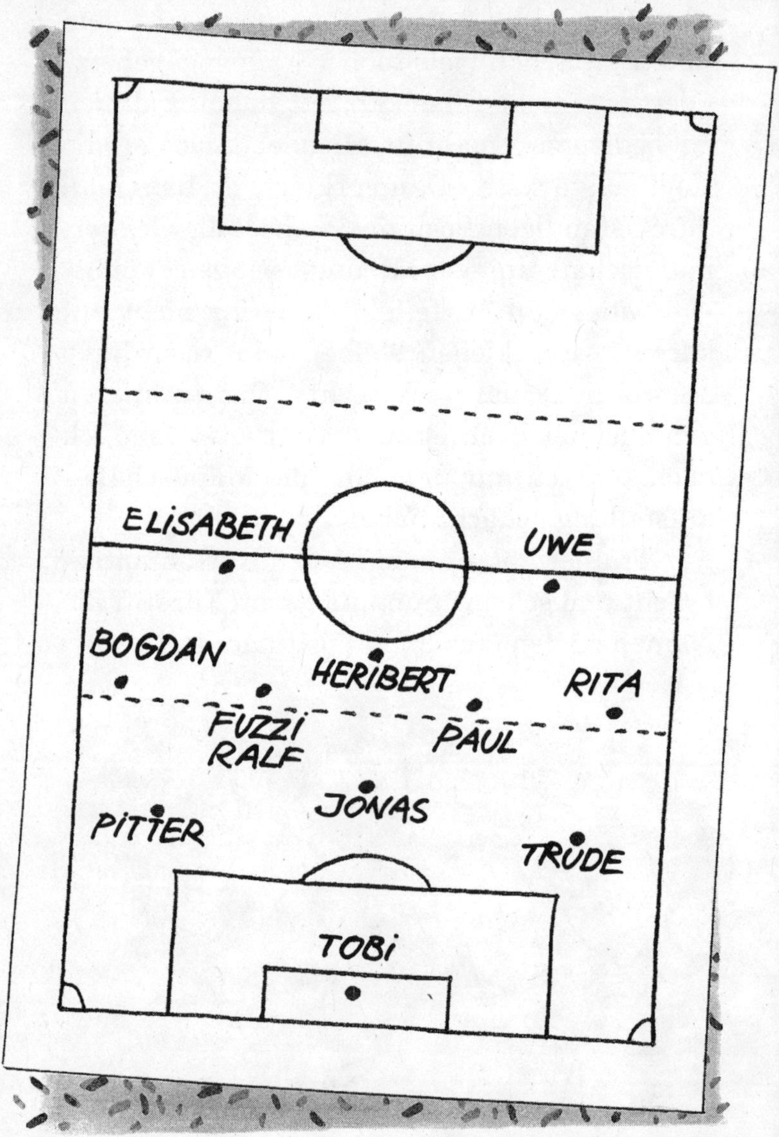
ELISABETH
UWE
BOGDAN
HERIBERT
RITA
FUZZI
RALF
PAUL
JONAS
PITTER
TRUDE
TOBI

»Jonas soll zunächst als Ausputzer hinten bleiben«, sagte Michael. »Wir müssen nämlich den ersten Ansturm der Havixbacher abwehren und Ruhe ins Spiel bringen. Wenn's dann läuft, kann der Libero ruhig mal mit nach vorn gehen. Pitter und Trude decken die gegnerischen Sturmspitzen. Heribert ist die Schaltstation zwischen Mittelfeld und Sturm. Rita muss ihre Schnelligkeit ausspielen auf der rechten Außenbahn. Aber vergesst nicht, dass vor allem der Ball laufen muss. Wenn ihr im Übereifer zu viel rennt, seid ihr schon nach zehn Minuten außer Puste.«

Stöpsel meldete sich zu Wort. Seine Stimme zitterte vor Aufregung und Empörung und Traurigkeit. »Warum . . . Warum steht denn mein Name nicht auf dem Blatt? Soll ich etwa nur Ersatzspieler sein? Ich kann doch genauso gut Fußball spielen wie die anderen auch!«

»Mensch, Stöpsel, mach dir nicht gleich in die Hose!«, schimpfte Elisabeth. »Du weißt doch, dass es bei uns keine Ersatzspieler gibt.«

Michael fasste dem verwirrten Stöpsel ins Haar und schüttelte ihn ein bisschen. »Elisabeth hat völlig Recht. Du kennst das doch! Erstens gehört es zu unserer Taktik, dass wir dauernd wechseln, zweitens haben wir doch

abgemacht, dass alle Spieler unseres Teams gleichermaßen eingesetzt werden. Schau, so könnten wir auch beginnen!« Michael klammerte Fuzzi Ralfs Namen ein und schrieb den Namen Stöpsel darüber. »Zufrieden?«
Stöpsel nickte glücklich.
»Und Mehmet und Tobi müssen sich noch einigen, wer in der ersten Halbzeit im Tor steht und wer in der zweiten«, sagte Cordula.
Tobi sah das anders. »Wir können es doch auch so machen, dass jeder von uns beiden 'ne halbe erste und 'ne halbe zweite Halbzeit im Kasten steht.«
Mehmet war einverstanden. »Wir können ja vor dem Spiel gegen die Havixbacher Pinnchen ziehen«, meinte er.

Trude erinnerte dann daran, dass es noch ein kleines Problem gab. »Der Heribert, der muss sich aber auch noch was Rosafarbenes als Trikot besorgen. Oder was Dunkelgelbes oder Orangenes oder so.«
»Das werde ich schon schaukeln«, versprach Heribert. »Ich hab so einen hellroten Rolli. Meine Oma wird mir da bestimmt den gelben Blitz draufnähen.«
»Wieso muss denn da der gelbe Blitz drauf sein?«, wollte Rita wissen. »Ist der so 'ne Art Glücksbringer für dich?«
Heribert lachte. »Der gelbe Blitz ist mein Erkennungszeichen!«
Alles Wichtige war besprochen. An diesem Tag wurde nicht mehr scharf trainiert. Die rosa

Teufel spannten ein Seil, markierten mit ein paar Stöckchen die Feldbegrenzung und spielten noch eine halbe Stunde Fußballtennis. Eigentlich war das mehr ein Jux und sie hatten auch ihren Spaß.
Tobi freute sich aber über etwas ganz anderes. Seine große Schwester musste nämlich am Abend zum Volleyball in die Kreisstadt fahren. Das bedeutete, dass sie nicht kontrollieren konnte, was er zum Abendessen alles in sich hineinschlang. Während die Eltern im Wohnzimmer vor dem Fernsehgerät saßen und sich einen Krimi anschauten, beschäftigte Tobi sich ziemlich intensiv mit dem Inhalt des Kühlschranks. Er sagte sich: Hin und wieder muss das sein, denn ein tüchtiger Torwart kann doch nicht bloß von Körnern und Grünzeug leben!

Das starke Gefühl

Der große Tag war gekommen – mit Regen! Schon früh am Morgen, als die Kinder zur Schule liefen, waren düstere Wolken von Südwesten her aufgezogen, und als die Mädchen und Jungen in der großen Pause herumtobten, fielen die ersten dicken Tropfen. Die rosa Teufel ließen sich aber nicht beeindrucken. Wirkliche Fußballer sind doch nicht aus Zucker!

An diesem Freitagmorgen war in der vierten Klasse an einen geordneten Unterricht selbstverständlich nicht zu denken. Das wusste Frau Lienenbeck genau. Wer hat schon den Kopf frei für Rechenaufgaben, wenn er sich auf seine Rolle beim Spiel gegen die Havixbacher konzentriert! Tobi und Mehmet standen zusammen mit Elisabeth geschützt unter dem großen Lindenbaum, um beim Pinnchenziehen zu entscheiden, in welcher Reihenfolge sie das Tor hüten durften. Mehmet gewann.

»Hör zu«, sagte er, »wir machen es so: Erst stell ich mich in den Kasten und du löst mich in der Mitte der ersten Halbzeit ab. Und nach der

Halbzeitpause machen wir's umgekehrt. Da fängst du an und ich löse dich ab.«
Tobi maulte ein bisschen, denn beim Abpfiff hätte er ja gern auf dem Platz gestanden. Als Sieger natürlich. Aber er hatte halt verloren beim Pinnchenziehen und damit war die Sache klar.
»He, he!«, rief Frau Lienenbeck. »Braucht ihr eine Extraeinladung? Die Pause ist vorbei!«
Die Lehrerin hatte sich für Sachkunde entschieden. Da konnte man miteinander reden und Bilder anschauen, das lenkte ab. Sie sprachen über die Landmaschinen, die bei der Ernte eingesetzt wurden, und stritten sich, welche Mähdrescherarten und welche Traktortypen die besten wären und mit welchen Strohpres-

sen die meisten Bauern in der Gegend arbeiteten. Und irgendwie ging der Vormittag vorüber. Freitags war immer nach der vierten Stunde Schluss.
Uwe übertönte mit seiner Trompetenstimme den allgemeinen Lärm. »Und dass ihr mir nachher alle auch zum Fußballplatz kommt und unsere Mannschaft ganz laut unterstützt!«
»Aber wenn's so regnet!«, gab Mareike zu bedenken.
»Richtige Fans kommen sogar bei Schneegestöber!«, brüllte Tobi. »Das wird ein tolles Spiel, das kann ich euch flüstern. Wir sind geradezu in Überform!«
Schnell nach Hause! Ein bisschen essen, die Spielkleidung anziehen, ein paar Liegestütze auf dem Teppich. Tobi spuckte in seine Torwartmütze, bevor er sie aufsetzte, denn er war überzeugt, dass ihm das Glück brachte. Viel zu früh kamen sie alle zum Platz und warteten auf die Havixbacher.
Und es regnete und regnete . . .
Bald trudelten die ersten Zuschauerinnen und Zuschauer ein: Eltern, Freunde, Schulkameraden und Fußballbegeisterte aus ganz Billerbach. Viele hatten Schirme aufgespannt, ande-

re hatten Hüte und Mützen auf und Regencapes umgehängt, wieder andere waren unter Plastikfolien gekrochen. Doch die meisten Kinder ließen sich einfach nass regnen.
Michael hatte die Mannschaft zu letzten Anweisungen zusammengerufen. »Vergesst vor allem nicht, dass es Fußball*spiel* heißt und nicht Fußball*kampf,* klar?«
Dann ein ohrenbetäubendes Hupsignal. Der Schulbus aus Havixbach kam angerollt. Die Spielerinnen und Spieler in den blauen Trikots mit den Stierköpfen drauf winkten den Biller-

bachern zu. Natürlich hatten sie ihre Anhänger mitgebracht und die lärmten mit Blechtrompeten und Rasseln. Etliche Pkws folgten dem Bus.

»Na, ihr habt ja ein mieses Wetter mitgebracht!«, rief Michael, als die Havixbacher aus dem Bus sprangen.

»Für das Wetter sind immer die Platzbesitzer verantwortlich«, sagte der Sportlehrer der Havixbacher lachend und gab Michael die Hand. »Hoffentlich können auch alle aus eurer Mannschaft gut schwimmen.«

»Wir gewinnen auch bei Regenwetter!«, schrie einer der Spieler aus Havixbach. »Ich gehe jede Wette ein!«
»Die Wette hast du schon verloren!«, antwortete Jonas.
»Ich gratuliere zum neuen Platz!« Der Havixbacher Sportlehrer schaute sich anerkennend das Spielfeld an. »Macht einen verdammt guten Eindruck.«
»Wir sind auch sehr froh, dass wir nicht mehr auf den Winzplätzen kicken müssen«, meinte Tobi. »Auf dem neuen Platz sind wir unschlagbar.«
»Sei nicht so vorlaut!«, zischte Cordula ihrem Bruder zu.
Der Schiedsrichter war gekommen, ein Lehrer aus Aulendorf, denn es musste ja ein Neutraler sein. Zwei ältere Schüler hatte er sich als Schiedsrichterassistenten mitgebracht. Sorgenvoll blickte er zu den tintigen Wolken hinauf. Offenbar war er sich nicht ganz sicher, ob er bei solch nassem Wetter das Spiel überhaupt anpfeifen könnte.
Frau Rappelberg kam in fliegenden Mantelschößen angehastet. Wie immer gefiel sie sich in ihrer Rolle als rasende Reporterin. Fotos für die Zeitung mussten jetzt unbedingt gemacht

werden! Ihre Fotos waren wichtiger als das ganze Spiel – das meinte sie wohl.
Der Sportlehrer der Havixbacher hatte einen guten Vorschlag. »Am besten wär's doch, wenn sich alle Spieler und Spielerinnen zum Foto zusammenstellten. So richtig schön durcheinander, damit jeder sehen kann: Dies ist ein Freundschaftsspiel zwischen zwei Schülermannschaften aus benachbarten Gemeinden.«
Alle Spielerinnen und Spieler waren einverstanden. Bürgermeister Wieling hielt für Frau Rappelberg den Regenschirm, damit ihre Foto-

kamera nicht nass wurde. Er lächelte säuerlich, weil er nicht mit aufs Bild kam.
Aber dann wurde es allmählich ernst.
Die Havixbacher ließen ihren Ruf erschallen:

»Ra-ra-ra!
Die Blauen, die sind da!
Wir gewinnen sowieso!
Ha-ha-ha!«

Und die Billerbacher schrien im Chor:

»Eins-zwei-drei-vier!
Superchampions, die sind wir!
Fünf-sechs-sieben-acht!
Alle werden platt gemacht!«

Der Schiedsrichter rief die Kapitäne zur Seitenwahl. Der Havixbacher Spielführer gewann und entschied, dass seine Truppe zuerst mit dem Wind im Rücken spielen werde.
Trainer Michael gab letzte Tipps und ermahnte besonders seinen Bruder Uwe, möglichst aus allen Lagen auf das Tor der Blauen zu schießen, denn das sei bei dem nassen Rasen die beste Möglichkeit, die gegnerische Mannschaft in Verlegenheit zu bringen. Er ließ aus taktischen

Gründen Heribert erst einmal draußen. Die Havixbacher sollten noch nicht wissen, dass es bei den Billerbachern einen neuen Spielmacher gab. Der Anpfiff!

Elisabeth gab an Uwe weiter, der passte zu Stöpsel. Und dann verfielen Die rosa Teufel in den gleichen Fehler wie beim Hinspiel in Havixbach: In ihrer Aufregung und im Übereifer stürzten sie sich alle auf den Ball, griffen gleich zu dreien oder vieren den gegnerischen Spieler an, der gerade den Ball führte, und hatten alles vergessen, was Michael ihnen eingebläut hatte. Michael hielt die Hände zum Trichter an den Mund und brüllte: »Auseinander! Lauft euch frei! Ihr sollt das Spiel auseinander ziehen, hört ihr? Über die Außenbahn!«

Nur langsam begriffen die Billerbacher, dass sie

mit diesem geballten Gefummel gegen die eingespielten Havixbacher keine Chance hatten. Die brachten nämlich geschickt ihre Außenstürmer in gefährliche Positionen, die schlugen Flanke um Flanke in den Strafraum der Billerbacher und Mehmet musste all seine Torwartkunst aufbieten, um das Schlimmste zu verhindern.
Jonas gab sich endlich Mühe ein bisschen System in das Spiel seiner Mannschaft zu bringen. Er schickte Bogdan am linken Flügel auf die Reise und der legte nach kurzem Dribbling Uwe

den Ball wunderschön vor. Aber Uwe wurde vom gegnerischen Manndecker zu Fall gebracht. Der Freistoß brachte nichts ein.
Elisabeth, Rita und Fuzzi Ralf brachten einige Kombinationen zu Stande, doch wirkliche Torgelegenheiten sprangen dabei nicht heraus. Die Blauen blieben gefährlicher.
Tobi fieberte mit. Aufgeregt rannte er am Spielfeldrand hin und her, bis der Schiedsrichterassistent ihn wegschickte. Tobi presste sich die Hände vor das Gesicht, als Pitter über den Ball

säbelte und Mehmet zur Fußabwehr zwang. Tobi dachte: Wenn ich doch schon im Spiel wäre!
Er wurde dann rascher eingewechselt, als er sich das gedacht hatte, und das kam so:
Einer der blauen Stürmer hatte einen Steilpass erwischt und strebte dem Tor der Rosa Teufel zu. Trude hatte nicht aufgepasst, sie konnte dem Gegenspieler nicht mehr den Winkel ablaufen. Aber als der sich den Ball ein wenig zu weit vorlegte, sah Mehmet, Der fliegende Fisch, seine Chance. Er stürzte nach vorn und warf sich dem Ball entgegen – und er erwischte ihn auch! Doch der blaue Stürmer konnte auf dem nassen Gras nicht mehr abbremsen. Er fiel hin, rutschte weiter und prallte mit Mehmet zusammen.

Mehmet schrie auf. Er ließ den Ball los und wälzte sich vor Schmerz am Boden. Der Schuh des Havixbachers hatte ihn genau am Daumen erwischt.
Sofort pfiff der Schiedsrichter ab.
»Ich konnte doch nichts dafür!«, rief der blaue Stürmer verzweifelt. Er war neben Mehmet niedergekniet und hielt dessen Hand. »Das hab ich nicht extra gemacht!«
Nein, ihn traf keine Schuld. Es lag einfach am Wetter. Cordula und Michael kamen auf den Platz gerannt und kümmerten sich um den weinenden Mehmet. Natürlich war für ihn das Spiel zu Ende. Alle Spielerinnen und Spieler wirkten bedrückt.
»Seid vorsichtiger!«, sagte der Schiedsrichter. »Geht nicht so hart in die Zweikämpfe! Kapiert?«
Tobi kam ins Spiel. Er drückte sich die Mütze tief in die Stirn. Das Auswechseln hatte er sich anders vorgestellt. Und mit Tobi kam endlich auch Heribert auf den Platz. Er löste die erschöpfte Rita ab und bezog sofort seine Position als hängende Sturmspitze. Elisabeth und Uwe rückten ein wenig auf die Außenseiten. Und Heribert brachte Ordnung ins Spiel der Rosa Teufel! Wieder und wieder bediente er die Mit-

spieler mit Pässen und Flanken, stieß selber durch die Mitte vor und knallte mehrere Male so gewaltig auf das Havixbacher Tor, dass dem Keeper die Fingerspitzen schmerzten. Der glitschig nasse Ball war nur schwer zu halten.
0 : 0 zur Halbzeit!
Heftig atmend hockten die Spielerinnen und Spieler unter den Büschen und stärkten sich mit Keksen und Früchtetee. Michael redete nur behutsam auf die Mannschaft ein. Jeder hatte ja sein Bestes gegeben. Und der Regen fiel und fiel. Dann der Pfiff des Schiedsrichters: Auf zur zweiten Hälfte!
Tobi fühlte sich prächtig in Form. Er hechtete und fing, klatschte ab und faustete, war geschickt im Stellungsspiel und beim Rauslaufen. Der Beifall der Zuschauer war Musik in seinen Ohren. Seine beste Szene hatte er, als er nach einem angeschnittenen Eckstoß den

Kopfball einer gegnerischen Spielerin mit letzter Kraft über die Querlatte lenkte.
Aber das Tor der Havixbacher konnte auch er nicht verhindern. Angriffswelle um Angriffswelle brandete auf sein Gehäuse. Jonas, Pitter, Trude und Bogdan leisteten Schwerstarbeit in der Abwehr. Tobi brüllte ihnen seine Kommandos zu. Dann gab es Verwirrung im Strafraum. In letzter Sekunde klärte Tobi mit Fußabwehr, doch die Billerbacher bekamen den Ball nicht weg. Allgemeines Getümmel vor Tobis Kasten. Irgendwie knallte der Ball wieder und wieder vor irgendein Schienbein, irgendwie prallte er an irgendeinem Spieler ab, irgendwie kullerte er dann auf Tobis Tor zu. Und Tobi lag da mit dem Gesicht im Gras, kam nicht mehr schnell genug auf die Beine, sah den Ball rollen und konnte gar nichts machen. Ein Abstaubertor? Ein Eigentor? Wer hatte den Ball zuletzt berührt? Das wurde nie geklärt. Jedenfalls stand

es plötzlich 1 : 0 für die Blauen. Und die jubelten.

»Keine Panik!«, schrie Trainer Michael. »Kommt über die Flügel und lasst den Ball laufen!«

Heribert wurde zur zentralen Schaltstelle. Über ihn liefen fast alle Angriffe der Rosa Teufel. Und die wollten es noch einmal wissen!

Kurz vor dem Seitenaus hatte Elisabeth einen etwas missglückten Pass von Paul erlaufen. Im Fallen lenkte sie den Ball an Heribert weiter – und dann hatte Der gelbe Blitz seinen großen Auftritt.

Mit einer geschickten Körpertäuschung ließ Heribert zwei Verteidiger ins Leere laufen. Er drang schnellfüßig von halblinks in den Strafraum ein, den Ball dicht am Fuß. Auch den Libero, der gerannt kam, trickste er aus. Heribert zielte in die lange Ecke und setzte zu einem mächtigen Schuss an. Aber er schoss nicht! Der Torwart fiel auf die Täuschung rein und sprang los. Und dann?
Dann legte Heribert sich den Ball seelenruhig vom rechten Fuß auf den linken und schob ihn angeschnitten und ganz cool und trocken ins kurze Eck.
»Tooor!«, brüllten die Zuschauer aus Billerbach.
»Toooor!«, brüllten die anderen Rosa Teufel.
Anschließend wurde Heribert fast erdrückt. Der gelbe Blitz hatte seinem Namen alle Ehre gemacht. Ein Spielerknäuel wälzte sich im nassen Gras.
»Jetzt die Deckung verstärken!«, forderte Michael und gestikulierte wild. »Und Entlastungsangriffe über die Außen starten. Es sind nur noch vier Minuten!«
Vier endlose Minuten!
Aber Die rosa Teufel schafften es. Als der Schlusspfiff ertönte, fielen sie sich glücklich in

die Arme. 1 : 1! Ein Unentschieden gegen die gute Mannschaft aus Havixbach. Das war doch was!
Gratulationen hin und her. Die Spielerinnen und Spieler der gegnerischen Mannschaften schlugen sich anerkennend auf die Schultern. Das Regenspiel auf dem neuen Platz war ein großes Spiel gewesen. Tobi genoss das starke Gefühl.

Tobis Geistesblitz

An diesem Abend lag Tobi noch lange wach. Nein, nach solch einem Erlebnis konnte man doch auch nicht einfach einschlafen! Tobi spielte das ganze Spiel in seiner Erinnerung noch einmal durch. Da waren spannende Szenen, da hatte es schlimme Missverständnisse gegeben, da war eine perfekte Kombination über die linke Seite gelaufen, da mussten die Verteidiger höllisch aufpassen, da hatte Heribert ein Klassetor geschossen . . . Und natürlich spielte die Torwartkatze in Tobis Wachtraum die Hauptrolle.

Sehr spät schlief Tobi ein. Regentropfen pochten gegen die Fensterscheibe. Und Tobi nahm das schöne Bild mit in seinen Schlaf, dass sie nass und müde und glücklich dem Havixbacher Bus nachgewinkt hatten, und sogar Mehmet mit dem verbundenen Daumen war voll Freude gewesen.
Samstags war natürlich schulfrei. Tobi hatte lange geschlafen. Nun saß er mit den Eltern und mit Cordula am Frühstückstisch und erzählte von den Heldentaten der Rosa Teufel und besonders von seinen eigenen. Cordula lächelte nur. Sie hatte sich im Geschäft für diesen Tag frei genommen, weil sie mit den Volleyballerinnen zu einem Turnier nach Holland fahren musste.
Plötzlich klingelte es. Boxer Ben raste bellend zur Haustür. Er freute sich immer, wenn jemand zu Besuch kam. Der Besucher an diesem Samstagmorgen hieß Heribert. Er war mit dem Fahrrad gekommen.
»Hallo, Tobi!«, rief er. »Alles klar?«
Tobi war mit zwei Brötchen in den Händen in die Diele gelaufen. »Alles klar!« Und zu Ben sagte er: »Nun friss den Heribert mal nicht gleich auf vor Freude! Den brauchen wir noch, weil der nämlich ein prima Fußballspieler ist.«

Heribert fragte: »Hast du nicht Lust mir ein bisschen die Gegend zu zeigen? Wo ich doch noch so neu in Billerbach bin. Und es hat ja auch aufgehört zu regnen.«
»Mach ich gerne. Logisch!« Tobi lachte. »Ich muss bloß noch eben diese Brötchen verputzen, dann kann's losgehen.«
Der Boxerhund wimmerte und bettelte so lange, bis er mit den beiden Jungen nach draußen durfte, und dann wetzte er neben ihnen her, als sie den Wiesenweg hinaufradelten. Vom Waldrand aus hatte man einen guten Überblick über das Tal und das Dorf Billerbach, über das Flüsschen und über die schreckliche Bundes-

straße. Aus den Wiesen stieg der Dunst auf. Es sah aus, als atmete die ganze Landschaft.
Sie erreichten den ehemaligen Bolzplatz der Oberbillerbacher Kinder. Tobi dachte: Es ist noch gar nicht lange her, dass ich zum ersten Mal hier mit Jonas und Elisabeth und den anderen gekickt habe. Damals war ich der Neue und jetzt ist Heribert neu bei den Rosa Teufeln. Aber eine Menge hat sich verändert in den letzten Wochen!
Sie stiegen von den Rädern und ließen sich ins feuchte Gras plumpsen. Ben buddelte nach Mäusen. Auf dem alten Bolzplatz waren inzwischen Obstbäumchen gepflanzt worden.
»Schön hier!«, sagte Heribert. »Ich glaube, ich werde mich an Billerbach gewöhnen, obwohl . . .« Er redete nicht weiter.
Erst nach einer Weile fragte Tobi: »Sag mal, wie kommt es eigentlich, dass du solch ein guter Fußballer bist?«
Heribert winkte ab. »So gut auch wieder nicht! Höchstens mittelmäßig. Weißt du, in der Kreisstadt, da hab ich richtig im Fußballverein ge-

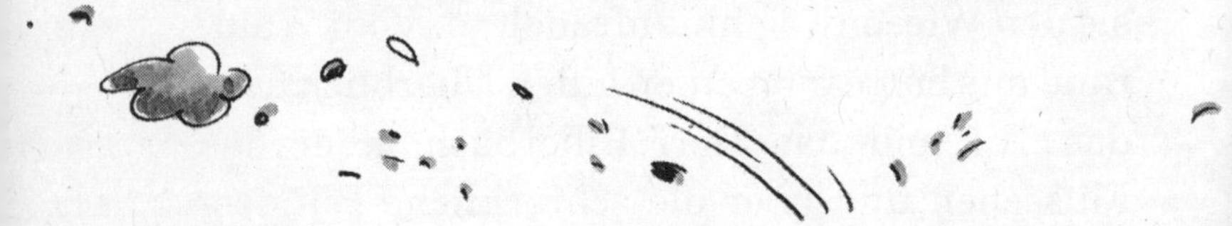

spielt, in ’ner ziemlich guten Mannschaft.« Er grinste ein wenig traurig. »Aber das ist vorbei. Wo wir jetzt bei der Oma hier in Billerbach wohnen, meine Mutter und ich. Das wär viel zu teuer, meint meine Mutter, dass ich zweimal in der Woche mit dem Bus zum Training in die Stadt fahre und dann am Wochenende zu den Spielen. Na ja, vorbei ist vorbei.«
Da hatte Tobi auf einmal einen Geistesblitz. Er sprang so hastig auf die Beine, dass der Boxerhund sich vor Schreck platt auf den Boden legte.

»Wie wär das denn«, rief Tobi, »wenn wir hier in Billerbach einen Fußballverein gründeten? Einen richtigen! Nicht nur ’ne Schulmannschaft. Offiziell angemeldet beim Fußballverband und so!«
Da stand auch Heribert auf. »Verdammt, das wär nicht schlecht! Aber meinst du, das haut hin? Gibt’s denn überhaupt genug Leute, die mitmachen würden?«
Tobi war sich seiner Sache sicher. »Garantiert! Und es könnten ja auch Fußballer aus den Nachbarorten in unseren Verein eintreten. Und aus der Schule kommen doch auch immer neue Spieler nach.«
»Und wir«, sagte Heribert und ließ sich von Tobis Begeisterung anstecken, »wir werden ja auch älter und kommen dann bald in die B-Jugend und dann in die A-Jugend . . . Mensch, und dann haben wir so richtig ’ne Erste Mannschaft!«
Tobi sagte: »Die Mädchen müssen ein eigenes Team gründen. Frauenfußball ist gar nicht mal so schlecht. Also, neulich, da hab ich im Fernsehen Frauen kicken sehen. Ich kann dir flüstern!«
Heribert lachte. »Holzen können die Frauen genauso gut wie die Männer. Das ist mal klar.

Aber jetzt fragt sich bloß: Wie gründet man so einen Verein?«

Tobi dachte einen Augenblick nach. »Ich glaube, zuerst muss man einen Vorstand haben oder einen Gründungsbeirat oder wie sich das nennt. Ich wette, der Bürgermeister will sofort Vorsitzender werden, weil er dann fotografiert wird und in die Zeitung kommt. Ich hab's, Heribert! Meine Mutter, die ist im Gemeinderat. Die werde ich fragen, wie man so einen Antrag stellen muss, wenn man einen Fußballverein gründen will.«

»Jonas und Pitter und Uwe, die werden bestimmt mitmachen«, meinte Heribert. »Ja, ein Fußballverein in Billerbach, das wär echt 'ne Wucht!«

Tobi klatschte in die Hände. »Und der Bruder von Uwe, der Michael, der könnte einen hochoffiziellen Trainerschein machen, weil das ja nötig ist bei einem Fußballklub. Ohne einen Trainer mit Lizenz spielt sich da nix ab.«

»Weiß ich doch!« Heribert reckte die Nase zu den Wolken hoch. »Wo ich doch schon mal in 'nem echten Fußballverein gespielt habe.« Und er flüsterte fast andächtig: »Der gelbe Blitz!«

Tobi musste lachen. »Angeber! Aber ich, ich bin die Torwartkatze!«

»Angeber!« Auch Heribert lachte.

Tobi und Heribert saßen dann noch lange am Waldrand und schauten in die Sonne, während der Boxerhund Ben im Laub wühlte. Die beiden Jungs träumten von der Zukunft des Billerbacher Fußballvereins und auch ein bisschen von der Nationalmannschaft.